LE

CONGRÈS DE VIENNE

ET LA

CONFÉRENCE DE BERLIN

PAR

Sir TRAVERS TWISS.

Extrait de la *REVUE DE DROIT INTERNATIONAL.*

BRUXELLES et LEIPZIG,
LIBRAIRIE EUROPÉENNE C. MUQUARDT,
MERZBACH & FALK, ÉDITEURS, LIBRAIRES DU ROI & DU COMTE DE FLANDRE.

| LA HAYE, | PARIS, |
| BELINFANTE FRÈRES. | DURAND et PEDONE-LAURIEL. |

1885

LE CONGRÈS DE VIENNE ET LA CONFÉRENCE
DE BERLIN.

Le congrès de Vienne a inauguré une ère nouvelle dans l'histoire du droit public européen, en proclamant le principe que les États de l'Europe ont, envers la communauté des États, des devoirs auxquels leurs intérêts particuliers doivent être subordonnés. Depuis le congrès de Westphalie jusqu'au congrès de Vienne, les intérêts particuliers avaient le dessus, et le principe cardinal du droit public était le respect absolu de la souveraineté des États individuels.

Napoléon Ier foula aux pieds le droit international de son époque, mais sur les cendres de l'ancien système s'éleva une communauté d'intérêts qui a fait naître la conscience d'une communauté de devoirs. Cette conscience a contribué puissamment à faciliter l'établissement d'un nouvel ordre de choses dont la plus haute expression est le congrès européen. Les réunions des représentants d'États indépendants ayant mission de fixer des points indécis de droit public, ont restreint la liberté des États individuels, en réglant leurs relations réciproques dans l'intérêt de la communauté; néanmoins, elles ont marqué un vrai progrès dans l'intérêt des États individuels, en reconnaissant leur titre à participer sur un pied d'égalité aux bénéfices d'une jurisprudence commune.

Le congrès de Paris de 1856, qui a mis fin à la guerre d'Orient, a amené un progrès important dans cet ordre de choses, lorsqu'il a admis la Sublime Porte à prendre part aux avantages du droit public et du concert européen (traité du 30 mars 1856, art. VII). A l'occasion de ce congrès, l'acte final (9 juin 1815) de Vienne a été invoqué comme ayant établi des principes concernant la libre navigation des fleuves qui, dans leur cours navigable, séparent ou traversent différents États, et, conformément à ces principes, le congrès de Paris a déclaré que la navigation du Danube, dans tout son cours navigable jusqu'à ses embouchures dans la mer Noire, serait entièrement libre et que les droits sur la navigation seraient fixés d'une manière uniforme. Puis les puissances signataires ont déclaré que cette disposition ferait désormais partie du droit public de l'Europe et l'ont prise sous leur garantie. Toute l'Europe est donc soumise à une jurisprudence commune en ce qui concerne l'affranchissement de ses grandes voies fluviales de la tyrannie des péages arbitraires, héritage du système féodal.

Cette grande mesure d'affranchissement n'était point l'œuvre de l'improvisation ; elle était véritablement le résultat d'une longue série de combinaisons préliminaires, et il est à noter qu'à la France appartient le mérite d'avoir proclamé, lors du congrès de Rastadt de 1798, l'idée d'ouvrir les cours intérieurs des grandes voies navigables de l'Europe aux bâtiments de commerce de toutes les nations. La reprise des hostilités avait mis fin inopinément à ce congrès. Mais à la suite du traité de Lunéville, les conditions essentielles du régime fluvial proposé à Rastadt furent reproduites aux conférences de la députation de l'empire réunie à Ratisbonne en 1802, et l'Allemagne trouva bon d'envoyer des négociateurs à Paris. De ces négociations sortit la convention de Paris du 15 août 1804, conclue entre le Corps germanique et le gouvernement français touchant la commune navigation du Rhin.

A la vérité, cette convention a été pour ainsi dire complètement perdue de vue. Napoléon Ier en fit une lettre morte en décrétant, en 1810, que tout vaisseau étranger entrant de la mer dans le Rhin devrait rompre charge à Nimègue et que les transports riverains vers l'amont seraient réservés aux bâtiments nationaux. Toutefois, c'est à l'article VIII de la convention de 1804 que le congrès de Vienne de 1815 a emprunté plusieurs des dispositions qu'il a adoptées pour donner effet aux stipulations du traité de Paris du 30 mai 1814, dans lesquelles les puissances alliées étaient convenues avec la France de déclarer que la navigation sur le Rhin serait libre et ne pourrait être interdite à personne, et d'examiner dans un futur congrès de quelle manière, « en vue de faciliter les communications entre les peuples et de les rendre toujours moins étrangers les uns aux autres (art. V) », ce principe de la liberté de la navigation pourrait être étendu à tous les autres fleuves qui séparent ou traversent différents États.

L'un des objets du congrès de Vienne fut l'accomplissement de ce dessein, et le projet de règlement rédigé dans ce but par une commission du congrès fut présenté par le plénipotentiaire de la France, le duc de Dalberg. On commença par le Rhin, et le projet du plénipotentiaire français fut accepté comme base de délibérations. A l'égard des autres grands fleuves, les puissances signataires déclarèrent que le système adopté pour le Rhin et ses embranchements et confluents leur serait également appliqué, sauf les modifications que les circonstances locales ou la volonté des puissances copropriétaires des fleuves pourraient exiger.

Les puissances alliées, agissant de concert avec la France, avaient proclamé à Paris que la navigation des grands fleuves de l'Europe devait être réglée de la manière la plus égale et la plus favorable au commerce de toutes les nations. Malgré cela, on ménagea, à Vienne, l'indépendance des États individuels, en invitant chaque État riverain à nommer des commissaires, qui devaient concerter les modifications nécessaires d'après les circonstances locales, lesquelles ne permettaient pas d'établir une règle générale. Puis on limita les prévisions de l'acte final du congrès de Vienne (9 juin 1815) à la navigation du Rhin, du Neckar, du Mein, de la Moselle, de la Meuse et de l'Escaut. On ne régla la navigation de ces rivières dans l'intérêt de la communauté des États que du consentement de chaque État riverain.

Le congrès de Paris de 1856 a dérogé aux stipulations du congrès de Vienne, dans l'intérêt de la communauté des États. Le congrès de Vienne avait laissé à chaque État riverain la charge d'exécuter les travaux nécessaires dans le lit des rivières qui passaient par son territoire, pour ne faire éprouver aucun obstacle à la navigation. Le congrès de Paris, au contraire, a empiété sur la liberté d'action des États riverains du Danube, en établissant deux commissions internationales.

L'une de ces commissions, qu'on appela la commission européenne, était chargée par le congrès de faire exécuter les travaux nécessaires en aval d'Isatcha pour dégager les embouchures du Danube, ainsi que les parties de la mer y avoisinantes, des sables et autres obstacles qui les obstruaient. Des circonstances particulières nécessitaient l'établissement de cette commission. En effet, les principautés riveraines n'avaient pas les moyens de déblayer les bouches du fleuve à leurs propres dépens; pour couvrir les frais de ces travaux, la commission fut autorisée à prélever des droits fixes, d'un taux convenable, arrêtés à la majorité des voix, à la condition que, sous ce rapport, les pavillons de toutes les nations seraient traités sur le pied d'une parfaite égalité.

La deuxième commission, qu'on appela la commission riveraine, était composée des délégués des États riverains, auxquels s'adjoignaient les commissaires des trois principautés, dont la nomination devait être approuvée par la Porte. Cette commission, qui devait être permanente, était chargée notamment d'élaborer des règlements de navigation et de police fluviale et de faire disparaître les entraves de toute nature qui s'opposaient à l'application au Danube des dispositions du traité de Vienne.

Nous n'exposerons pas ici les modifications que les deux commissions ont subies. A la conférence de Berlin (protocole n° V), le plénipotentiaire russe a présenté, à leur sujet, quelques observations. D'après lui, l'établissement d'une commission européenne pour le Danube était nécessité par des circonstances spéciales; il doit être regardé comme un régime d'exception et nullement comme l'application de la règle du congrès de Vienne. Ce que la conférence faisait pour le Congo était également exceptionnel; le nouveau régime du Congo était également nécessité par les conditions particulières dans lesquelles se trouve ce pays. Déférant aux observations du plénipotentiaire russe, la conférence a donc modifié le préambule de l'acte final et a fait observer qu'elle avait en vue les principes généraux énoncés dans les articles 108 et 116 de l'acte final du congrès de Vienne, avec les modifications prévues par les traités de Paris de 1856, de Berlin de 1878 et de Londres de 1871 et de 1883. Il se fait ainsi que le préambule sort quelque peu du programme de la conférence, mais le plénipotentiaire russe l'a accepté, en limitant expressément son assentiment aux régions de l'Afrique, objet de la conférence.

L'attention des gouvernements européens a été appelée sur le grand fleuve qui traverse le centre de l'Afrique et se jette dans la mer, précisément parce que le droit de posséder les bouches du Congo a été, pendant de longues années, contesté entre les puissances maritimes de l'Europe. Le Portugal prétendait avoir fait, en 1484, la découverte des embouchures, et en vertu de cette découverte, il s'arrogeait le droit d'établir sa souveraineté sur les eaux du fleuve. Seulement, depuis 1484, des marchands de tous les États avaient pris possession en commun des parages du Congo et, depuis l'abolition de la traite, il s'y était fondé des comptoirs relevant de nationalités diverses. C'est dans cet état de choses qu'un citoyen des États-Unis, M. Stanley, après s'être frayé une route dans l'intérieur de l'Afrique, arriva sur les bords d'un grand fleuve dont il suivit le cours, et parvint ainsi à Boma, sur la rive droite du Congo, le 8 août 1877. Stanley put ainsi annoncer au monde que les eaux, que les cataractes de Yellala avaient barrées pendant quatre siècles contre toutes explorations, étaient navigables en amont de ces cataractes, jusqu'au centre même de l'Afrique. L'illustre voyageur accomplissait alors ses voyages pour le compte d'amis américains et anglais. Plus tard, grâce à la libéralité du roi des Belges, il put continuer ses explorations, et son entreprise, d'abord purement géographique, acquit bientôt une importance de plus en plus considérable et attira l'attention des hommes d'État européens.

Nous venons de rappeler les prétentions du Portugal. Ce pays essaya de régler le commerce des marchands européens dans les pays baignés par le Congo et par ses affluents, au moyen d'une convention conclue avec la Grande-Bretagne : la navigation du fleuve devait être soumise au contrôle d'une commission mixte désignée par les deux puissances contractantes. Mais le projet de convention déplut aux autres puissances européennes, notamment à l'Allemagne et à la France. Une dépêche de M. de Bismarck, du 7 juin 1884, adressée au comte de Granville, déclarait que le Portugal n'avait pas sur les territoires du bas Congo de titres plus sérieux que les autres puissances dont les sujets fréquentaient ces parages et que, dans ces pays, le commerce avait toujours été libre pour les marchands de toutes les nations. Le prince ajoutait que l'empereur d'Allemagne regarderait le maintien de cette liberté dans l'avenir comme méritant son intérêt spécial, et comme digne d'être l'objet d'un arrangement amical entre les puissances européennes.

De son côté, le gouvernement français saisit sans délai le Portugal de ses réserves formelles en déclarant qu'il entendait maintenir intactes, pour ses nationaux, les franchises que leur assurait dans ces parages le traité conclu au Pardo le 30 janvier 1786.

D'autres États intéressés dans le commerce africain ne tardèrent pas à manifester de vives préoccupations devant les mesures administratives et fiscales qu'entraînait la convention anglo-portugaise.

Sur ces entrefaites, le Portugal lui-même proposa la réunion d'une conférence internationale pour régler les affaires du Congo et de l'Afrique centrale et, après des pourparlers préliminaires, l'Allemagne, de concert avec la France, invita les puissances intéressées dans le commerce de l'Afrique occidentale à se réunir en conférence à Berlin pour établir un accord sur les principes suivants :

1° Liberté du commerce dans le bassin et les embouchures du Congo;

2° Application au Congo et au Niger des principes adoptés par le congrès de Vienne, en vue de consacrer la liberté de navigation sur plusieurs fleuves internationaux, principes appliqués plus tard au Danube;

3° Définition des formalités à observer pour que des occupations nouvelles sur les côtes d'Afrique soient considérées comme effectives.

Quatorze puissances, les États-Unis de l'Amérique y compris, acceptèrent l'invitation de l'Allemagne à se réunir en conférence à Berlin. La conférence commença ses travaux en nommant une commission chargée de fixer d'abord le sens des mots : « Territoire constituant le bassin du Congo et de ses affluents. »

La commission s'est mise d'accord sur la résolution suivante : « Le bassin du Congo est délimité par les crêtes des bassins contigus, à savoir, notamment, les bassins du Niari, de l'Ogowé, du Schari et du Nil, au nord; par le lac Tanganîka, à l'est; par les crêtes des bassins du Zambèse et de la Logé, au sud. Il comprend en conséquence tous les territoires drainés par le Congo et ses affluents, y compris le lac Tanganîka et ses tributaires orientaux. »

La conférence a proclamé d'abord que partout dans les territoires constituant le bassin du Congo et de ses affluents, le commerce de toutes les nations jouira d'une complète liberté. Ensuite, elle a étendu cette liberté à une zone maritime s'étendant sur l'océan Atlantique, depuis le parallèle 2°30′ de latitude sud jusqu'à l'embouchure de la Logé, 7°51′. La limite septentrionale de cette zone a été indiquée comme suivant le parallèle 2°30′ sud depuis la côte jusqu'au point où il rencontre le bassin géographique du Congo; la limite méridionale, comme suivant la Logé jusqu'à sa source et se dirigeant de là vers l'est jusqu'à la jonction avec le bassin géographique du Congo.

Cette dernière résolution dépassait les strictes limites du programme initial, mais Son Altesse Sérénissime le prince président de la conférence, dans son discours inaugural, a exprimé l'opinion qu'afin de faciliter à toutes les nations commerçantes l'accès de l'intérieur de l'Afrique, il serait à désirer que les marchandises destinées à l'intérieur fussent admises en franchise de transit sur tout le littoral de l'Afrique.

La conférence a accueilli favorablement le vœu du prince, et après quelques réserves de la part de S. Exc. le plénipotentiaire de la France, elle est tombée d'accord sur la résolution que nous venons de mentionner.

Jusqu'ici, la conférence n'avait pas franchi les limites d'une pratique certaine. En effet, les seules puissances reconnues par elle comme ayant

le droit, en leur caractère de puissances territoriales, d'élever des réclamations contre le projet adopté, ont donné leur assentiment.

La troisième résolution a complètement dépassé le programme initial.
Dans son habile rapport au ministre des affaires étrangères, à Paris, rapport qui ouvre le livre jaune touchant les affaires du Congo et de
l'Afrique centrale, M. le ministre plénipotentiaire Engelhardt, délégué
de la France, a observé qu'un *courant d'idées et d'intérêts* s'était établi
dans la commission, qui devait dépasser les limites précises du programme initial. De fait, lorsque le périmètre du bassin du Congo fut
arrêté dans ses lignes principales, on se demanda quels territoires il y
aurait lieu d'y ajouter en faveur du trafic de toutes les nations, non
seulement sur le littoral de l'Atlantique, mais encore vers l'océan
Indien.

Jusqu'ici, la déclaration de la conférence a été absolue et sans réserves, et on peut dire qu'elle est dans le fond une *déclaration de désintéres-
sement*, vu que les puissances reconnues par la conférence comme
exerçant ou comme prétendant exercer des droits territoriaux dans le
bassin du Congo et les pays circonvoisins lui ont accordé leur consentement.

Sur l'initiative de S. Exc. le plénipotentiaire des États-Unis, la conférence a ajouté à la déclaration un troisième paragraphe mentionnant
les conditions suivantes : Elle a étendu le principe de la liberté commerciale au delà du bassin du Congo jusqu'à l'océan Indien. Il a été
entendu que les puissances représentées à la conférence ne s'engagent
que pour elles-mêmes et que le principe adopté ne s'appliquera aux
territoires appartenant actuellement à quelque État indépendant et
souverain qu'autant que celui-ci y donnera son consentement.

La conférence a formulé dans ce paragraphe une invitation indirecte
aux gouvernements établis sur le littoral africain de la mer des Indes
à donner leur adhésion à l'acte général de la conférence, au lieu
d'émettre seulement un vœu à cet effet, selon la proposition originaire de
la commission, qui avait été chargée par la conférence de lui présenter
un rapport.

Il est digne de remarque que S. Exc. M. de Serpa, un des plénipotentiaires du Portugal, a annoncé que son gouvernement cherche en ce
moment la voie de transit la plus favorable entre la mer des Indes et le
lac Nyassa, et que lui-même adhère aux vues exprimées dans le sens
d'une large extension de la liberté commerciale par S. Exc. l'ambassa-

deur de la France, qui a formulé la conclusion du troisième paragraphe
à peu près dans ces termes : « Les puissances représentées à la conférence conviennent d'employer leurs bons offices auprès des gouvernements établis sur le littoral africain de la mer des Indes, à l'est du
bassin du Congo, afin d'assurer au travail de toutes les nations les
conditions les plus favorables. » S. Exc. le plénipotentiaire de la
Turquie, en adhérant au premier et au deuxième point de la déclaration, a fait une réserve sur le troisième point pour le cas où
la délimitation projetée comprendrait un ou plusieurs lacs du Nil,
ainsi que leurs bassins. Puis, à la séance du 13 décembre 1884,
le même diplomate a fait connaître les instructions de son gouvernement, qui lui prescrivait de s'abstenir de prendre part aux discussions qui ne rentreraient pas dans le cadre du programme dont il
s'agit. (Protocole n° 5.)

Les vues de la conférence relativement à la signification des mots « le
bassin du Congo et ses affluents » ayant été fixées, ses délibérations ont
suivi un cours normal, et elle a précisé des questions économiques d'une
haute portée. On a déclaré que les marchandises de toute provenance
importées dans ces territoires, sous quelque pavillon que ce soit, resteront
affranchies des droits d'entrée et de transit et n'auront à acquitter
d'autres taxes que celles qui pourraient être perçues comme une équitable
compensation de dépenses utiles pour le commerce. D'un autre côté, sur
la proposition de S. Exc. le plénipotentiaire de la France, on a réservé
aux puissances signataires de décider, au terme d'une période de
vingt années, si la franchise d'entrée sera ou non maintenue. Puis on a
institué une commission internationale qui sera chargée, dans toutes
les parties du territoire visé par la déclaration, où aucune puissance
n'exercerait des droits de souveraineté ou de protectorat, de surveiller
l'application des principes proclamés, y compris des dispositions rela-
tives à la protection des indigènes, des missionnaires et des voyageurs,
ainsi qu'à la liberté religieuse et même aussi à un système postal
conforme à la convention de l'Union postale universelle, revisée à
Paris le 1er juin 1878.

La conférence a autorisé la même commission internationale à prêter
ses bons offices aux gouvernements intéressés pour tous les cas où des
difficultés viendraient à surgir entre eux relativement à l'application des
principes que nous avons signalés. Il va sans dire que l'organisation
administrative d'une telle commission, si ses fonctions économiques

doivent être permanentes, sera un problème d'une haute nouveauté. Il paraît que le projet original visait un arrangement temporaire.

Cela résulte de l'exposé de M. de Kusserow, conseiller intime de légation et l'un des plénipotentiaires allemands, qui, interprète en cela de son gouvernement, a fait observer qu'il lui semblait nécessaire, en attendant que des gouvernements soient ultérieurement reconnus dans le bassin du Congo, de ne pas y laisser sans contrôle la liberté du commerce. M. de Kusserow a ajouté que la commission internationale de la navigation du Congo lui semblait un organe compétent pour être provisoirement chargé de ce contrôle. (Protocole n° 3.)

Sur la proposition de S. Exc. le plénipotentiaire de France, l'examen des attributions de cette commission a été remis jusqu'à la création de la commission internationale elle-même, qui devait surveiller la navigation du Congo. Dans la dernière rédaction de l'acte final concernant ce sujet, la conférence a limité les fonctions administratives de la commission aux parties du territoire visé où aucune puissance n'exercerait des droits de souveraineté ou de protectorat. Mais, en chargeant cette commission de ces hautes fonctions, la conférence a omis d'établir des dispositions spéciales en vue de l'aider à accomplir sa tâche. On peut supposer que l'admission ultérieure de l'Association internationale à la signature de l'acte général, en qualité de puissance quasi territoriale, a fait considérer l'organisation administrative d'une telle commission comme une chose superflue.

Le chapitre II de l'acte général sort de l'œuvre proprement dite de la conférence, dont l'idée fondamentale a été de faciliter à toutes les nations commerçantes l'accès à l'intérieur de l'Afrique. Mais la question de la suppression du commerce d'esclaves, comme exception à la complète liberté commerciale dans le bassin du Congo, demandait un traitement particulier. En effet, le congrès de Vienne, dont l'autorité a été invoquée dans l'intérêt de l'affranchissement de la navigation du Congo, a condamné la traite des nègres en Afrique comme un fléau qui avait si longtemps désolé l'Afrique, dégradé l'Europe et affligé l'humanité. La déclaration concernant la traite des esclaves, qui forme le chapitre deuxième de l'acte général de la conférence, est due à l'initiative de S. Exc. le plénipotentiaire de la Grande-Bretagne. Les puissances chrétiennes de l'Europe se sont déjà engagées au congrès de Vienne et au congrès de Vérone à concourir à tout ce qui pourrait assurer l'abolition universelle de la traite des noirs. La proposition de sir Edward

Malet coupait le mal à ses racines et, après une mûre délibération, la conférence a adopté la déclaration suivante :

Déclaration concernant la traite des esclaves. « Conformément aux principes du droit des gens tels qu'ils sont reconnus par les puissances signataires, la traite des esclaves étant interdite et les opérations qui sur terre ou sur mer fournissent des esclaves à la traite devant être également considérées comme interdites, les puissances qui exercent ou qui exerceront des droits de souveraineté ou une influence dans les territoires formant le bassin conventionnel du Congo, déclarent que ces territoires ne pourraient servir ni de marché ni de voie de transit pour la traite des esclaves, de quelque race que ce soit. Chacune de ces puissances s'engage à employer tous les moyens en son pouvoir pour mettre fin à ce commerce et pour punir ceux qui s'en occupent. »

Le chapitre III de l'acte général, qui est intitulé : *Déclaration relative à la neutralité des territoires compris dans le bassin conventionnel du Congo*, sort également des limites du programme allemand. L'initiative de cette déclaration est due à S. Exc. le ministre plénipotentiaire des États-Unis ; mais S. Exc. le baron de Courcel, plénipotentiaire de France, qui n'avait pas accueilli de prime abord la proposition américaine, a fait, au moment même où la conférence touchait à son terme, une proposition essentiellement transactionnelle, à laquelle tous les membres de la conférence, sous les réserves, toutefois, de S. Exc. l'ambassadeur de Turquie qui se montrait résolument contraire à toute extension du programme, n'hésitèrent pas à souscrire. Le problème a été beaucoup simplifié pendant les discussions par l'entente amicale entre la France et l'Association internationale du Congo, au sujet de la délimitation des territoires de l'Association et des possessions françaises, et par l'accord entre le Portugal et la même Association. La substance de la déclaration se résume dans les trois propositions suivantes :

I. Si une puissance, qui exerce ou qui exercera des droits de souveraineté ou de protectorat dans aucune partie des territoires compris dans le bassin conventionnel du Congo, usera de la faculté de se proclamer neutre et remplira les devoirs que la neutralité comporte, les hautes parties signataires du présent acte et celles qui y adhéreraient par la suite s'engagent à respecter la neutralité de ces territoires, y compris les eaux territoriales.

II. Si une puissance exerçant des droits de souveraineté ou de protectorat dans aucune partie desdits territoires est impliquée dans une guerre, les puissances signataires s'engagent à interposer leurs bons offices avec e consentement commun des belligérants pour que le territoire appartenant à cette puissance compris dans la zone conventionnelle de la liberté commerciale, soit placé dans la guerre sous le régime de la neutralité ; les parties belligérantes renonceraient dès lors à étendre les hostilités aux territoires ainsi neutralisés, aussi bien qu'à les faire servir de base à des opérations de guerre.

III. La troisième proposition, qui est comprise dans l'article 12 de l'acte, mérite l'attention des hommes d'État, car elle marque un progrès considérable en faveur d'un recours à des considérations d'équité avant de faire un appel aux armes pour apaiser des dissentiments internationaux. Une génération d'hommes d'État s'est éteinte depuis que les plénipotentiaires des sept puissances, réunis au congrès de Paris en 1856, sur l'initiative de S. Exc. le comte de Clarendon, plénipotentiaire de la Grande-Bretagne, ont exprimé dans le protocole n° 23 du congrès, au nom de leurs gouvernements, le vœu que les États entre lesquels s'élèverait un dissentiment sérieux, avant d'en appeler aux armes, eussent recours en tant que les circonstances l'admettraient, aux bons offices d'une puissance amie. C'est à S. Exc. le comte de Launay, le plénipotentiaire de l'Italie à Berlin, qu'est due l'initiative d'un engagement entre les puissances signataires, tendant à ce que, dans le cas où un dissentiment sérieux ayant pris naissance au sujet ou dans les limites desdits territoires, viendrait à s'élever entre des puissances signataires du présent acte ou des puissances qui y adhéreraient par la suite, ces puissances s'engagent, avant d'en appeler aux armes, à recourir à la médiation d'une ou de plusieurs puissances amies. C'est à S. Exc. le plénipotentiaire des États-Unis qu'est dû un amendement de ce paragraphe ; ce dernier a proposé que l'article 12 de l'acte marquât l'obligation pour les puissances de recourir *à la médiation ou à l'arbitrage*. La conférence n'a pas accueilli favorablement cet amendement, mais, au lieu de se borner à stipuler exclusivement le recours à la médiation, S. Exc. le plénipotentiaire de France a accepté que mention fût faite d'un recours facultatif à l'arbitrage ; toutefois, il a cru nécessaire que la rédaction remaniée à cet effet établît nettement le caractère facultatif de ce recours. Le paragraphe final de l'article 12 de l'acte est en conséquence conçu dans ces termes :

« Pour le même cas, les mêmes puissances se réservent le recours
facultatif à la procédure de l'arbitrage. »

Nous ferons observer que S. Exc. Said, le plénipotentiaire ottoman, qui
a cru de son devoir de s'abstenir de se prononcer sur plusieurs questions
étrangères au programme, s'est prononcé au sein de la commission en
faveur de l'arbitrage et s'est dit heureux de voir la conférence adopter
en partie ses vœux.

Plus d'un demi-siècle s'est écoulé depuis que les frères Lander, deux
voyageurs anglais, ont découvert que le Niger, lequel, au dire des géo-
graphes, allait se perdre dans le bassin du lac Chad, recevait, au contraire, à Lakoja, les eaux d'une autre rivière venant du côté du lac Chad,
et poursuivait son cours jusqu'à la mer. Les mêmes explorateurs ont
découvert qu'avant d'arriver à la mer, le Niger se divisait en plusieurs
branches; descendant le plus grand de ces embranchements, que les
indigènes appelaient le Nun, ils ont abouti à l'océan. Des explorations
successives ont démontré que le grand fleuve arrive à la mer par un delta
de vingt-deux bouches. En naviguant en amont de Lakoja, on a également constaté que l'affluent qui venait du côté du lac Chad et qu'on
appelle de nos jours le Chadda ou le Binué, arrose le territoire de l'empire de Sokoto, dont le chef est musulman, et le territoire d'un autre
prince musulman qui domine la province de Gando sur le Niger moyen.
Depuis lors, la France a établi un protectorat sur la partie supérieure du
grand fleuve. Le Niger moyen n'est pas navigable pour des bâtiments
du commerce maritime. C'est donc le bas Congo et son affluent le Binué
qui offrent le plus grand intérêt aux marchands européens. Le programme allemand envisageait le bas Congo et le Niger du même point
de vue; la France avait concerté avec l'Allemagne un acte de navigation
identique pour les deux fleuves.

D'un autre côté, S. Exc. le plénipotentiaire de la Grande-Bretagne a
déclaré, lors de la première réunion de la conférence, qu'une grande
partie du parcours du Niger étant insuffisamment explorée et la partie
supérieure n'ayant aucune communication avec la partie inférieure,
l'établissement d'une commission internationale sur ce fleuve était
considéré par son gouvernement comme impraticable. D'ailleurs, le
commerce de l'intérieur se trouve entre les mains des tribus de la côte,
qu'il faut ménager. Après avoir longtemps regardé les agents britan-
niques comme leurs protecteurs et leurs conseillers, les tribus les plus
importantes ont été placées officiellement, ensuite de leurs demandes

répétées, sous le protectorat de la Grande-Bretagne. Cette situation entraîne d'une manière impérative une différence dans l'application des principes du congrès de Vienne. La ligne de la côte et le cours inférieur du fleuve sont suffisamment contrôlés pour que le gouvernement de Sa Majesté britannique puisse en régulariser la navigation, tout en se liant au principe de la libre navigation par une déclaration formelle.

Après une assez longue discussion, S. Exc. le plénipotentiaire de la France a déclaré que si la Grande-Bretagne repoussait une intervention européenne sur le Niger, tout en admettant l'application des principes généraux du congrès de Vienne, elle ne pouvait décliner la coopération égale et simultanée de la France, qui détient une partie du fleuve. Sur cette base, le comité de la commission, qui a pris connaissance du double acte franco-allemand, a approuvé les termes d'une résolution transactionnelle par laquelle la Grande-Bretagne a accepté le principe d'un contrôle conventionnel sur le Niger, en conviant la France à reconnaître, sur les eaux qui sont ou seront sous sa souveraineté ou son protectorat, les mêmes engagements que la Grande-Bretagne était prête à accepter dans les parties du cours du bas Niger, qui sont ou seront sous sa souveraineté ou protectorat.

Cette résolution a été formulée ultérieurement par la conférence dans les articles 30 et 31 de l'acte général. Par l'article 32, chacune des autres puissances signataires s'est engagée sous les mêmes conditions. En dehors de ces articles et des articles de l'acte de navigation du Congo, qui régularisent les attributions de la commission internationale, les deux actes de navigation sont identiques.

Les articles de l'acte qui règlent les attributions de la commission internationale de navigation du Congo sont les articles 17 à 28 de l'acte général. Cette commission est constituée sur une base plus étendue que celle de la commission européenne du Danube. Chacune des quatorze puissances signataires de l'acte général et toute puissance qui adhérera à cet acte pourront en tout temps s'y faire représenter par un délégué. La commission doit élaborer immédiatement des règlements de navigation, de police fluviale, de pilotage et de quarantaine. Ces règlements, ainsi que les tarifs à établir, seront soumis à l'approbation des puissances représentées dans la commission internationale.

Dans l'exercice de ses attributions, cette commission ne dépendra pas de l'autorité territoriale. En vue de subvenir aux dépenses techniques et administratives qui lui incombent, celle-ci pourra négocier, en son nom

propre, des emprunts garantis exclusivement par les revenus qui lui
sont attribués. Chaque délégué sera directement rétribué par son propre
gouvernement. Mais les traitements des agents et des employés de la
commission seront imputés sur le produit des droits perçus conformément à l'article 14, §§ 2 et 3, de l'acte de navigation. Ces paragraphes
autorisent deux espèces de droits : des taxes de port pour l'usage effectif
des quais, magasins, etc., et des droits destinés à couvrir les dépenses
techniques et administratives, faites dans l'intérêt de la navigation, y
compris les droits de phare, de fanal et de balisage. Faisons observer
que la nomination d'un délégué est facultative pour chaque puissance.

Il y a dans l'article 20 des dispositions qui, à première vue, ont l'air
de pouvoir susciter des conflits d'autorité. J'ai déjà fait remarquer que la
commission internationale de navigation est déclarée indépendante de
toute autorité territoriale ; mais, d'un autre côté, l'autorité territoriale a
le droit de nommer des sous-inspecteurs sur les sections du fleuve
occupées par une puissance, tandis que l'institution des sous-inspecteurs n'appartiendra à la commission que sur les autres sections du
fleuve. On n'a pas défini les attributions de ces sous-inspecteurs, mais
chaque puissance riveraine est chargée du traitement des sous-inspecteurs qu'elle aura institués. Cette institution semble devoir amener
des difficultés dans l'administration riveraine. On pourra, il est
vrai, y remédier, puisque les puissances signataires se sont réservé
d'introduire dans l'acte général, ultérieurement et d'un commun
accord, les modifications ou améliorations dont l'utilité sera démon-
trée par l'expérience.

Le système administratif que nous venons de décrire modifie donc, en
plus d'un point important, l'application des principes du congrès de
Vienne. Selon les règlements de Vienne, l'administration et tout ce qui
se rapportait à la police et à la perception des droits du Rhin était
confiée à une autorité centrale, composée des commissaires des puissances riveraines. Les conditions du Danube ont nécessité, en 1856,
l'établissement de deux commissions de navigation, dont l'une, formée
des délégués des puissances riveraines, surveillait la navigation du
haut Danube, et l'autre, composée des mandataires des grandes puissances signataires du traité de Paris, administrait les affaires du bas
Danube. La conférence de Berlin a institué un troisième système pour
le Congo, en confiant l'exécution de l'acte de navigation à une commission composée des délégués de toutes les puissances signataires de

l'acte général, ainsi que de celles qui y adhéreraient postérieurement.

Un tel arrangement marque un pas considérable dans l'application du principe que les intérêts des États particuliers doivent être subordonnés aux intérêts de la communauté d'États. D'un autre côté, on a stipulé pour la navigation du Niger que les États riverains eux-mêmes mettraient en exécution dans leurs limites respectives le règlement approuvé par la conférence, et, comme les États riverains du Niger sont signataires de l'acte général, c'est de leur consentement que la conférence leur a confié ce mandat.

Il reste à mentionner une disposition des deux actes de navigation qui constitue une exception formelle au règlement du Rhin et aux règlements fluviaux modelés sur ce dernier. La liberté de navigation de toutes les nations neutres et belligérantes est assurée en temps de guerre sur le Congo et sur le Niger, sauf en ce qui concerne le transport vers un belligérant des objets que le droit des gens fait considérer comme articles de contrebande de guerre; les établissements créés en exécution de l'un ou l'autre acte de navigation sont placés sous le régime de la neutralité et, à ce titre, ils seront respectés et protégés par les belligérants.

Le troisième point du programme allemand n'a pas pris les développements auxquels on s'attendait. Le projet primitif visait les deux cas, savoir la prise de possession d'un territoire sur les côtes de l'Afrique et l'établissement d'un protectorat comme nécessitant également l'établissement et le maintien d'un régime judiciaire fondé sur les lois de la puissance souveraine ou protectrice. Le principe de cette parité a été contesté par S. Exc. le plénipotentiaire de la Grande-Bretagne; en effet, selon le système colonial de l'Angleterre, il y a des différences essentielles entre la plénitude des droits de souveraineté et les attributions transactionnelles d'un protectorat qui laisse généralement aux autorités indigènes une juridiction sur leurs nationaux.

Après mûre réflexion, l'Allemagne a reconnu que, vu ses propres établissements coloniaux, la perspective d'avoir à donner aux étrangers dans ces territoires protégés par elle les mêmes garanties qu'elle réclamait des fondations étrangères en faveur de ses nationaux, pourrait lui causer plus d'embarras que de bénéfices. La mention des protectorats a disparu, en conséquence, du second paragraphe du projet allemand, et sur la motion de S. Exc. le plénipotentiaire de la France, on a remplacé l'obligation *d'établir et de maintenir une juridiction suffisante* par l'obligation *d'assurer l'existence d'une autorité suffisante*. Par suite de ces corrections, les articles 34 et 35 de l'acte général touchant le troisième point du programme allemand sont conçus dans ces termes :

ART. 34. « La puissance qui dorénavant prendra possession d'un territoire sur les côtes du continent africain situé en dehors de ses possessions actuelles, ou qui, n'en ayant pas eu jusque-là, viendrait à en acquérir, et de même la puissance qui y assumera un protectorat, accompagnera l'acte respectif d'une notification adressée aux autres puissances signataires du présent acte, afin de les mettre à même de faire valoir, s'il y a lieu, leurs réclamations.

ART. 35. « Les puissances signataires du présent acte reconnaissent l'obligation d'assurer, dans les territoires occupés par elles sur les côtes du continent africain, l'existence d'une autorité suffisante pour faire respecter les droits acquis et, le cas échéant, la liberté de commerce et du transit dans les conditions où elle serait stipulée. »

Je puis m'arrêter ici. J'ai mentionné successivement les conclusions les plus importantes d'une conférence remarquable, mais qui, au milieu des bruits de guerre actuelle et de guerre future, n'a pas obtenu pour le moment l'attention qu'elle mérite. Son œuvre économique prépare cependant la civilisation de populations qui occupent un territoire plus grand, peut-être, que l'Europe entière. Les rapports des commissions instituées par la conférence et que S. Exc. le baron Lambermont, plénipotentiaire de la Belgique, a rédigés de main de maître, ne laissent rien à désirer. Les protocoles de la conférence sont également bien rédigés et dignes d'une étude sérieuse de la part de tous ceux qu'intéresse le problème de savoir dans quelle mesure les principes du droit public international de l'Europe et de l'Amérique sont applicables aux habitants du continent africain. En parcourant ces divers documents, on remarquera le soin qui a présidé à l'examen de chaque proposition ; on verra que si le principe du congrès de Vienne soumettant les intérêts des États aux intérêts de la communauté a été respecté, rien néanmoins n'a été fait sans l'assentiment de l'État intéressé. La marche des travaux a même été volontairement ralentie, parce qu'on voulait laisser à l'Association internationale la puissance territoriale à venir de la majeure partie du bassin du Congo, le temps de conduire à bonne fin ses arrangements avec la France et éventuellement avec le Portugal, sous la médiation de la France. Ces arrangements ont permis de délimiter amicalement le territoire de l'Association comme État riverain. La reconnaissance de l'Association par presque toutes les puissances signataires de l'acte général, s'est produite dans les derniers jours de la conférence, et lorsque celle-ci a été sur le point de se séparer, l'Association, par l'organe de son président, M. le colonel Strauch, a déclaré adhérer aux dispositions de l'acte final. A cette occasion, Son Altesse Sérénissime le prince de Bismarck a rendu hommage au but élevé de l'œuvre à laquelle S. M. le roi des Belges a attaché son nom, et il a exprimé des vœux pour que le succès le plus complet vienne couronner une entreprise qui pourra seconder si utilement les travaux de la conférence et rendre de précieux services à la cause de l'humanité.

25 avril 1885.

CPSIA information can be obtained
at www.ICGtesting.com
Printed in the USA
BVHW011015080221
599629BV00008B/393